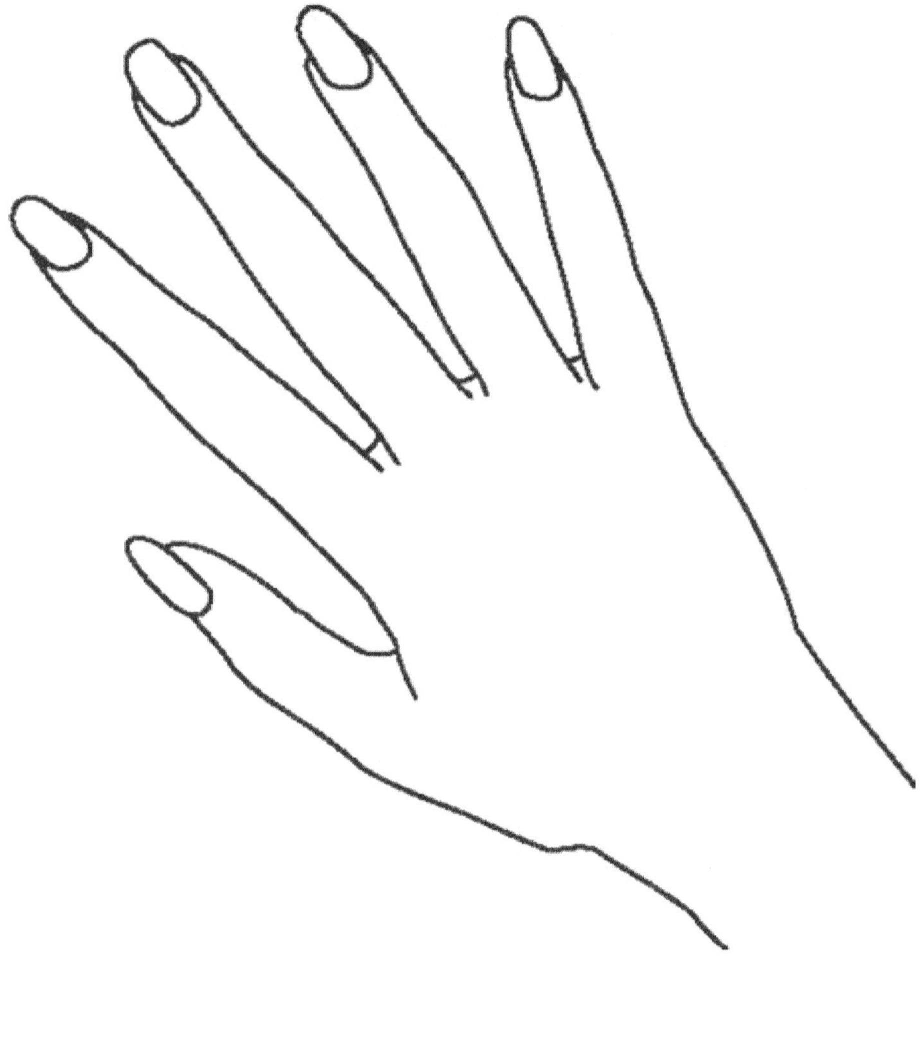

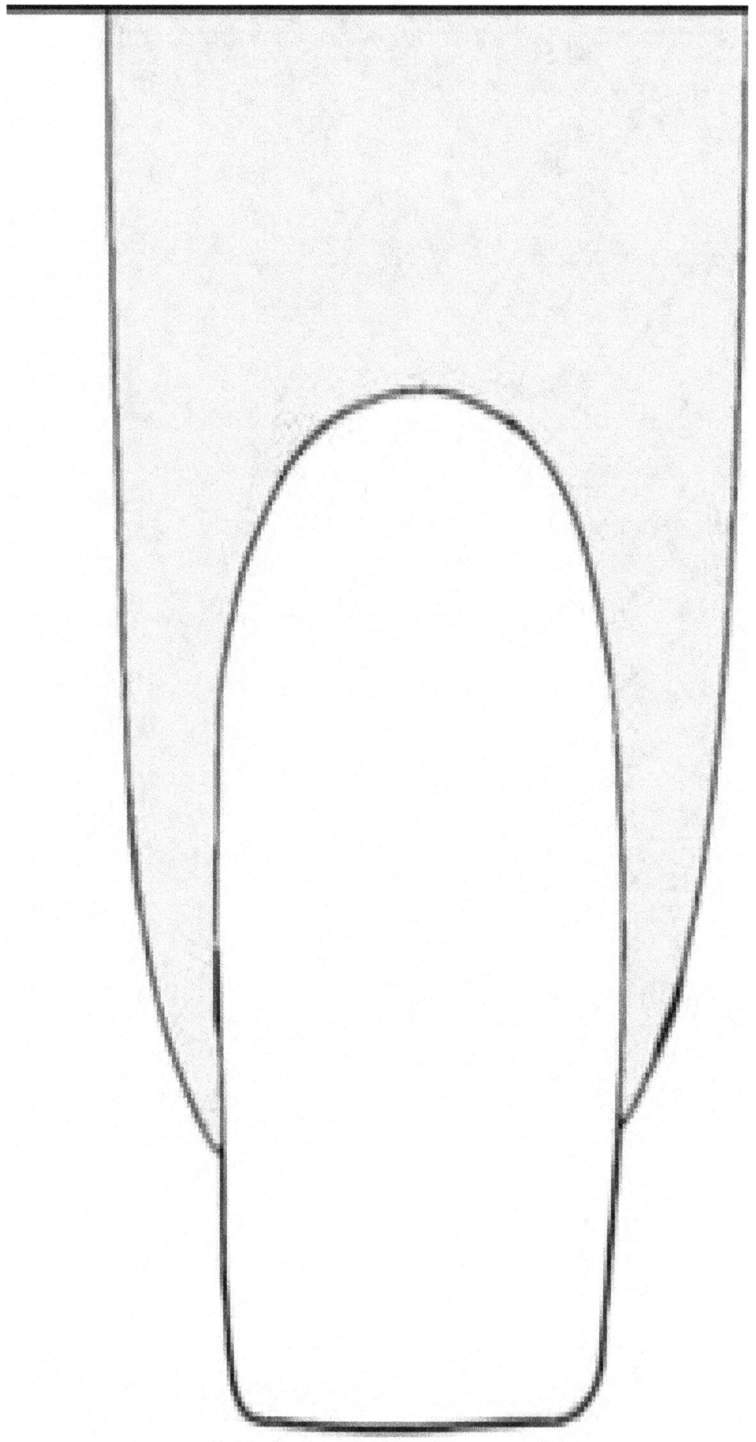

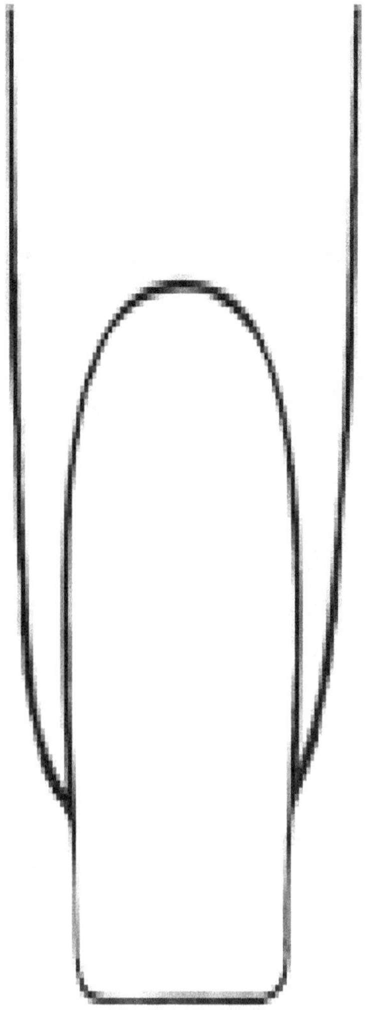

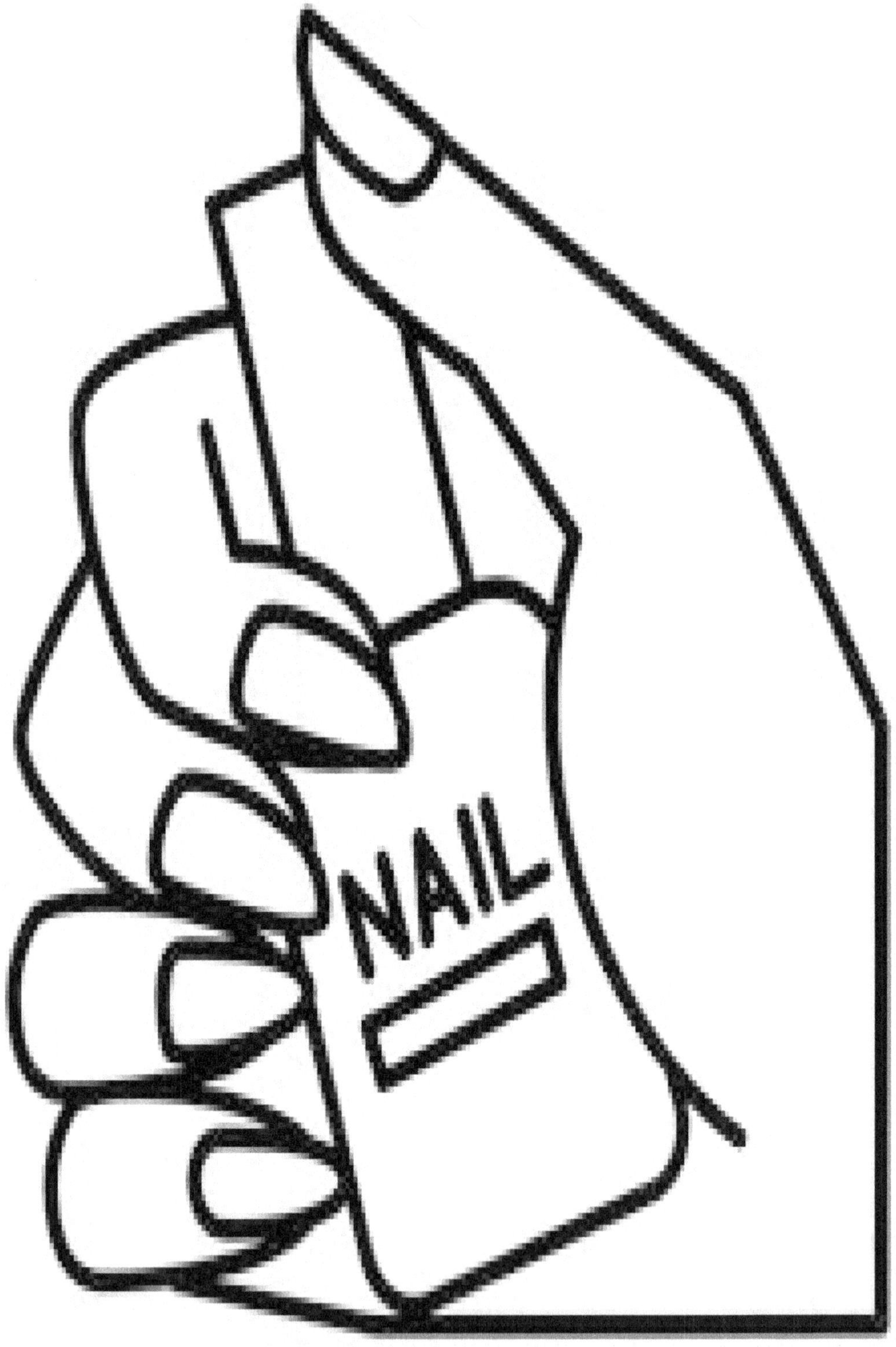
NAIL

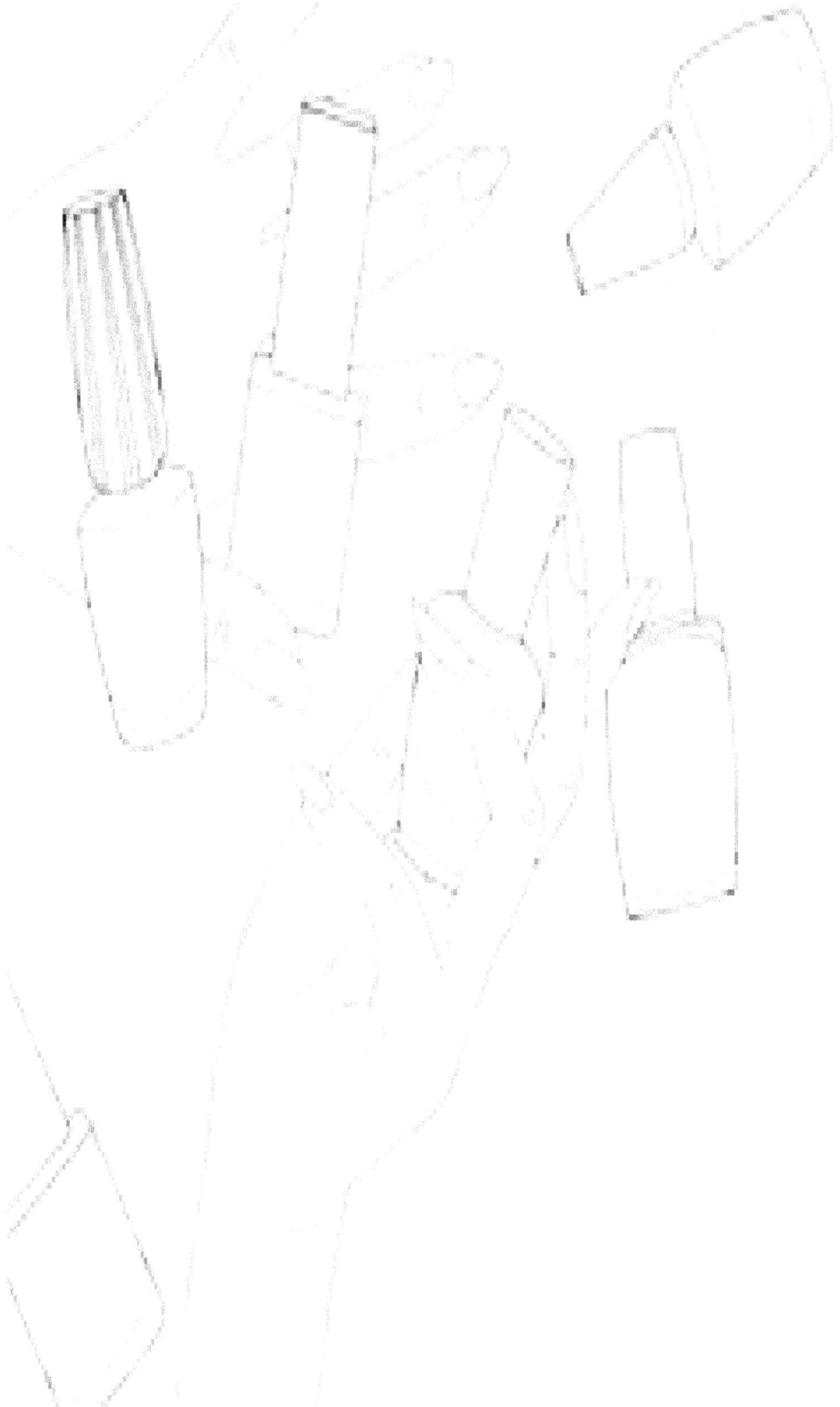

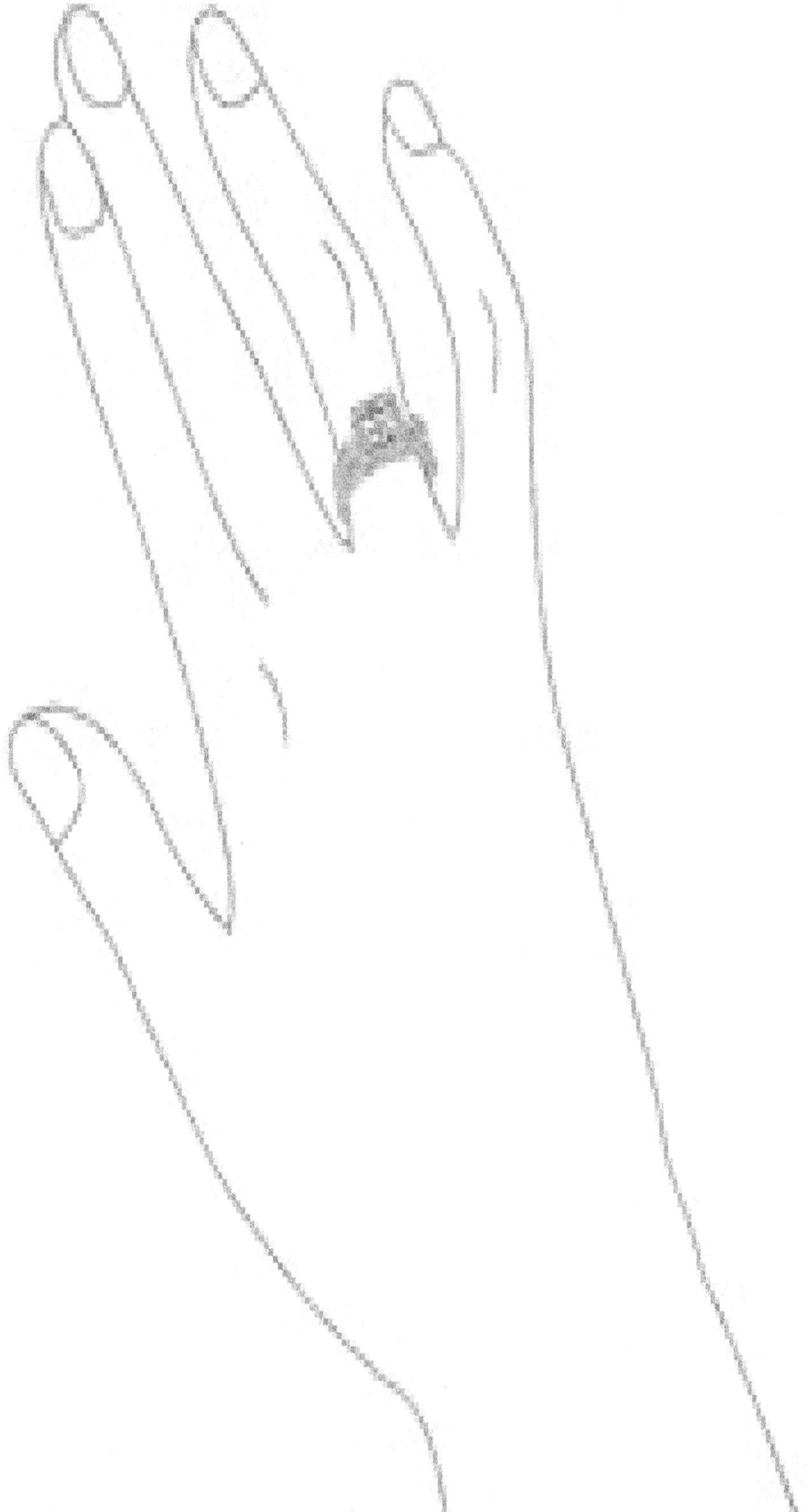

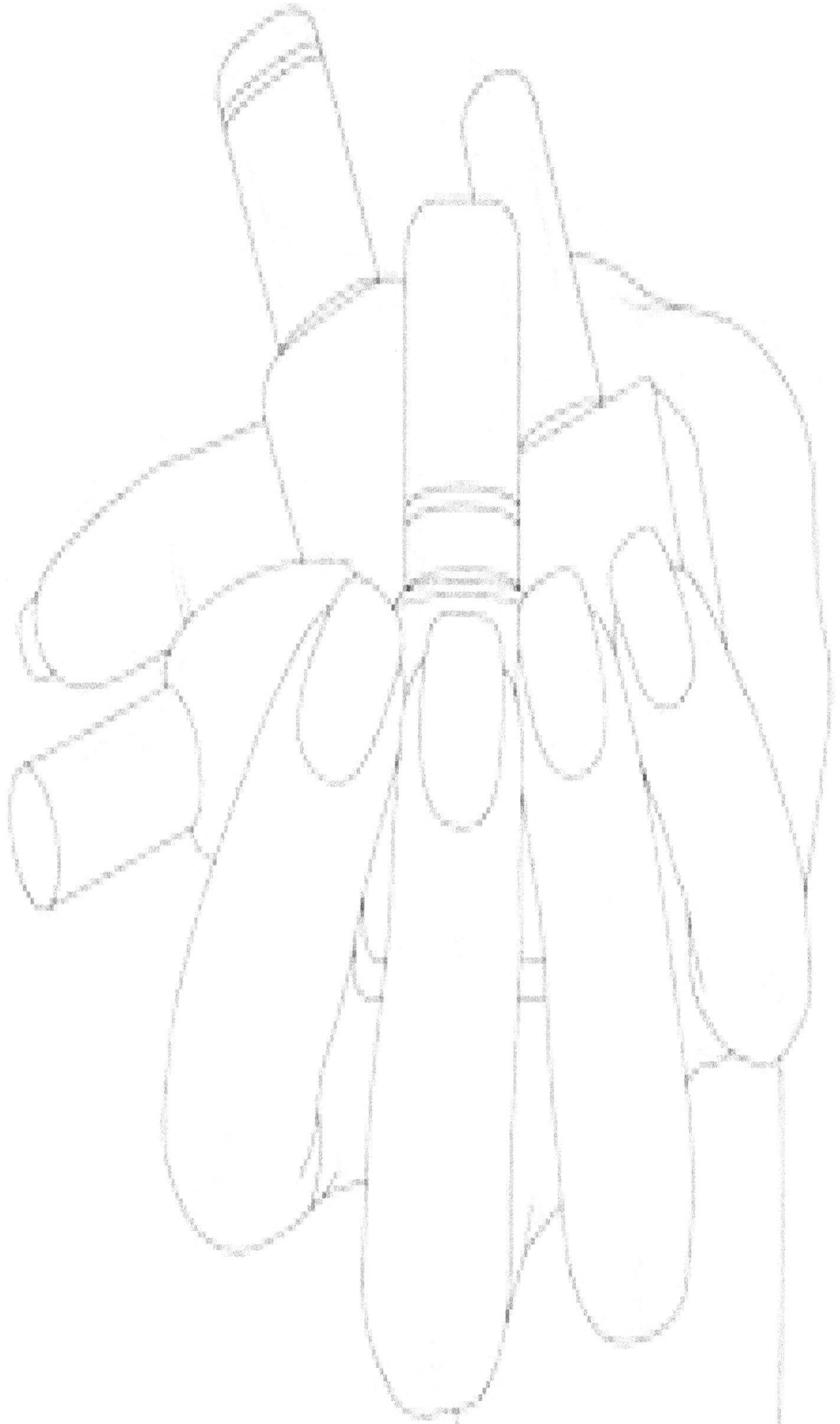

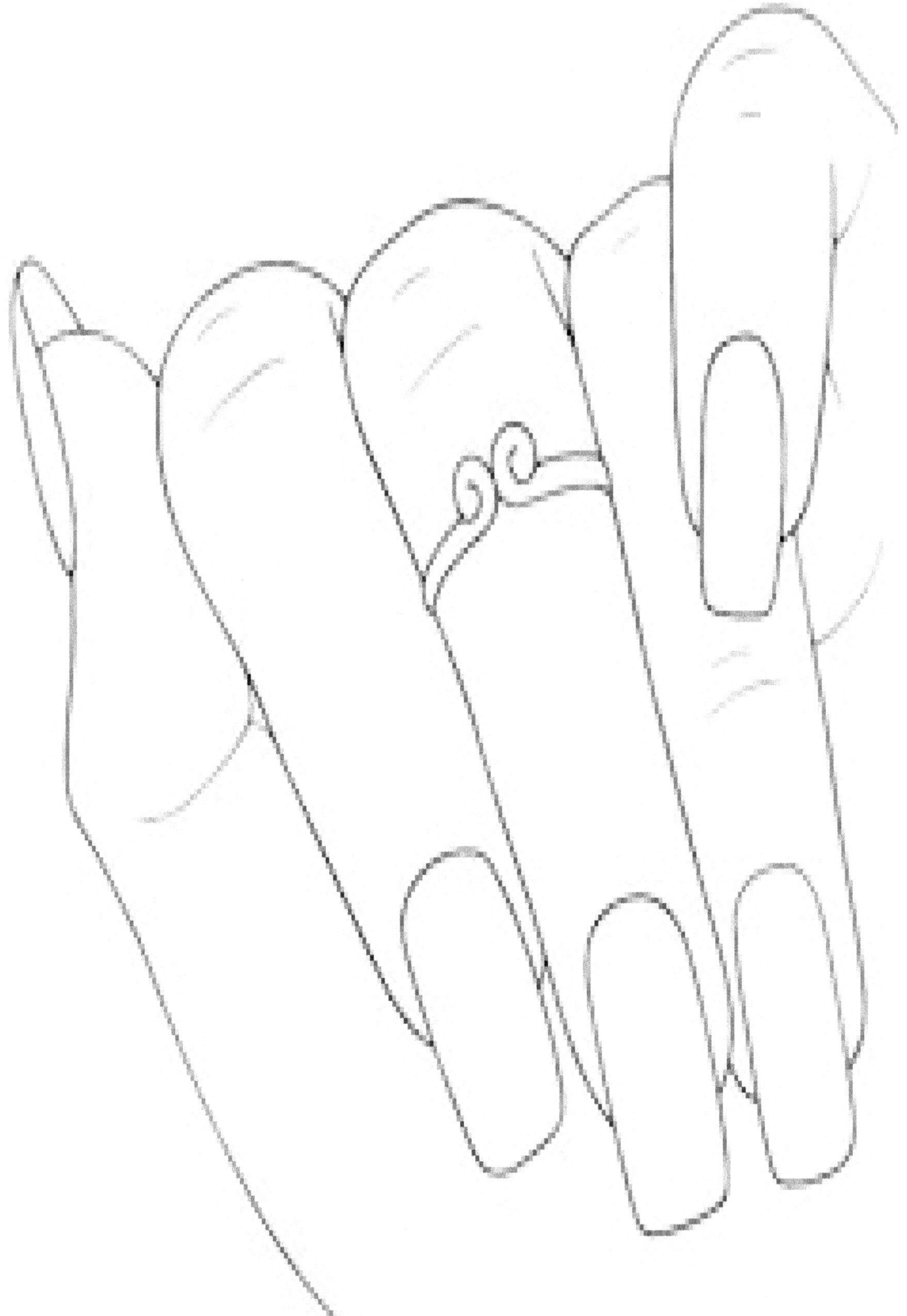

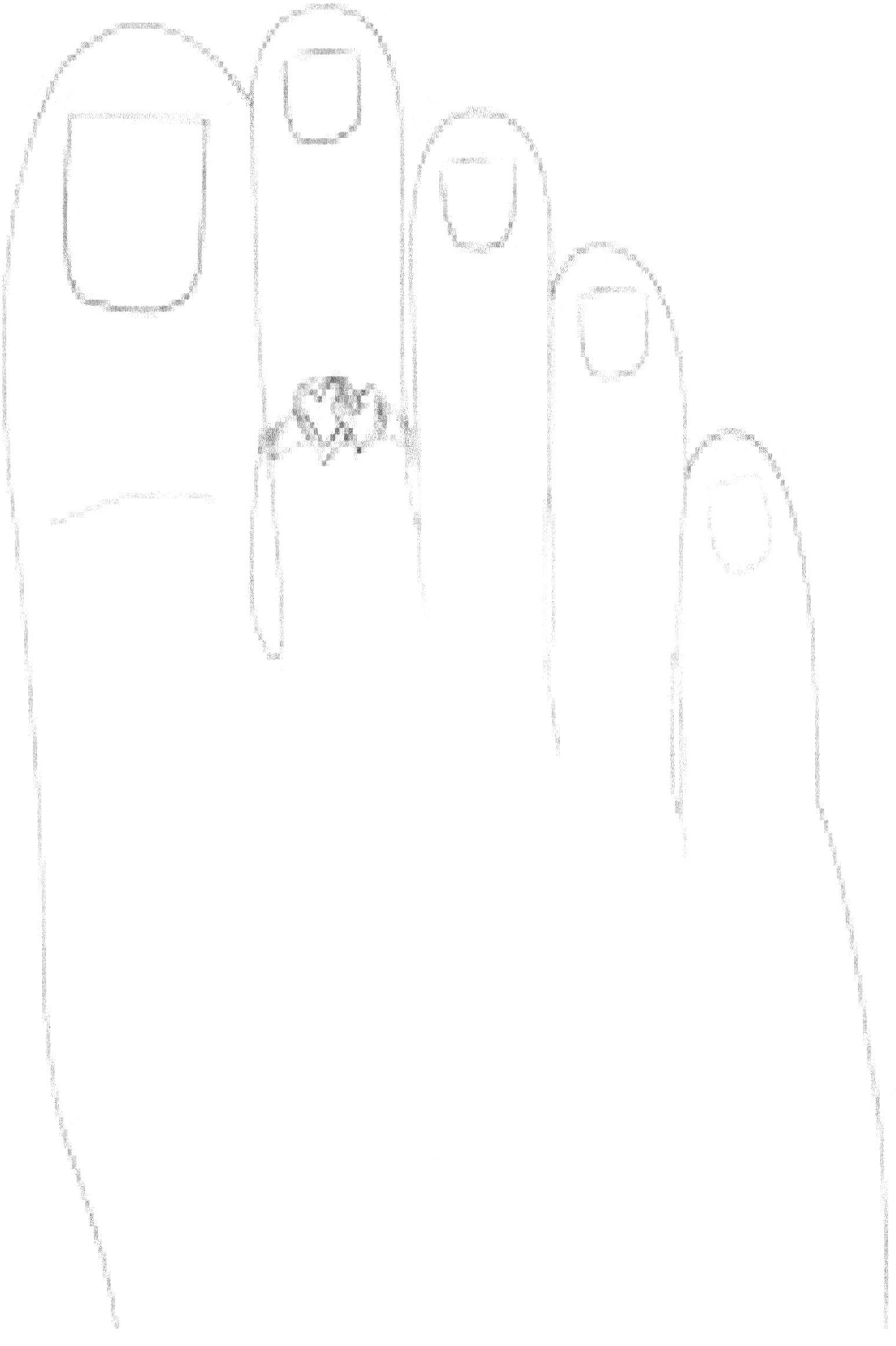

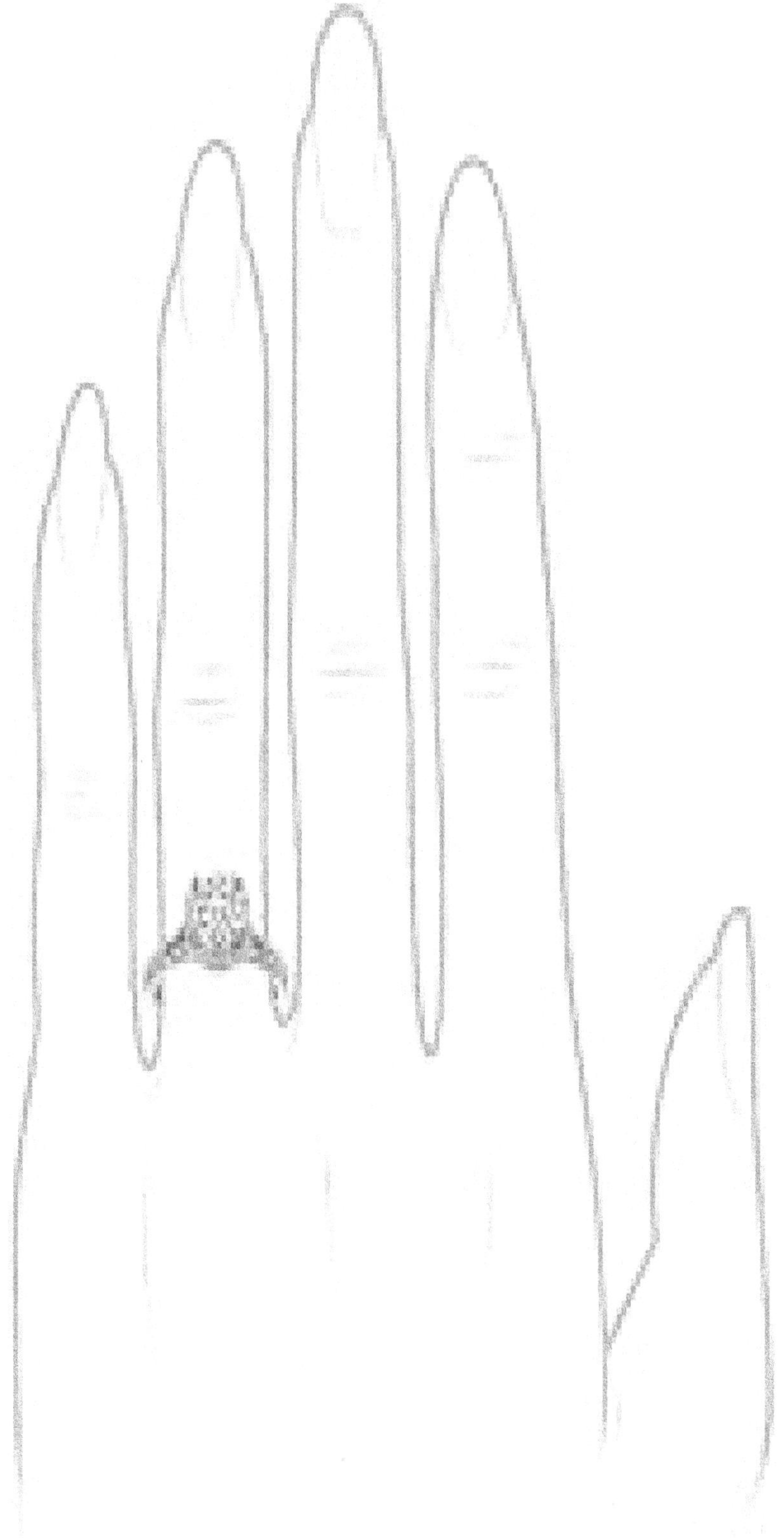

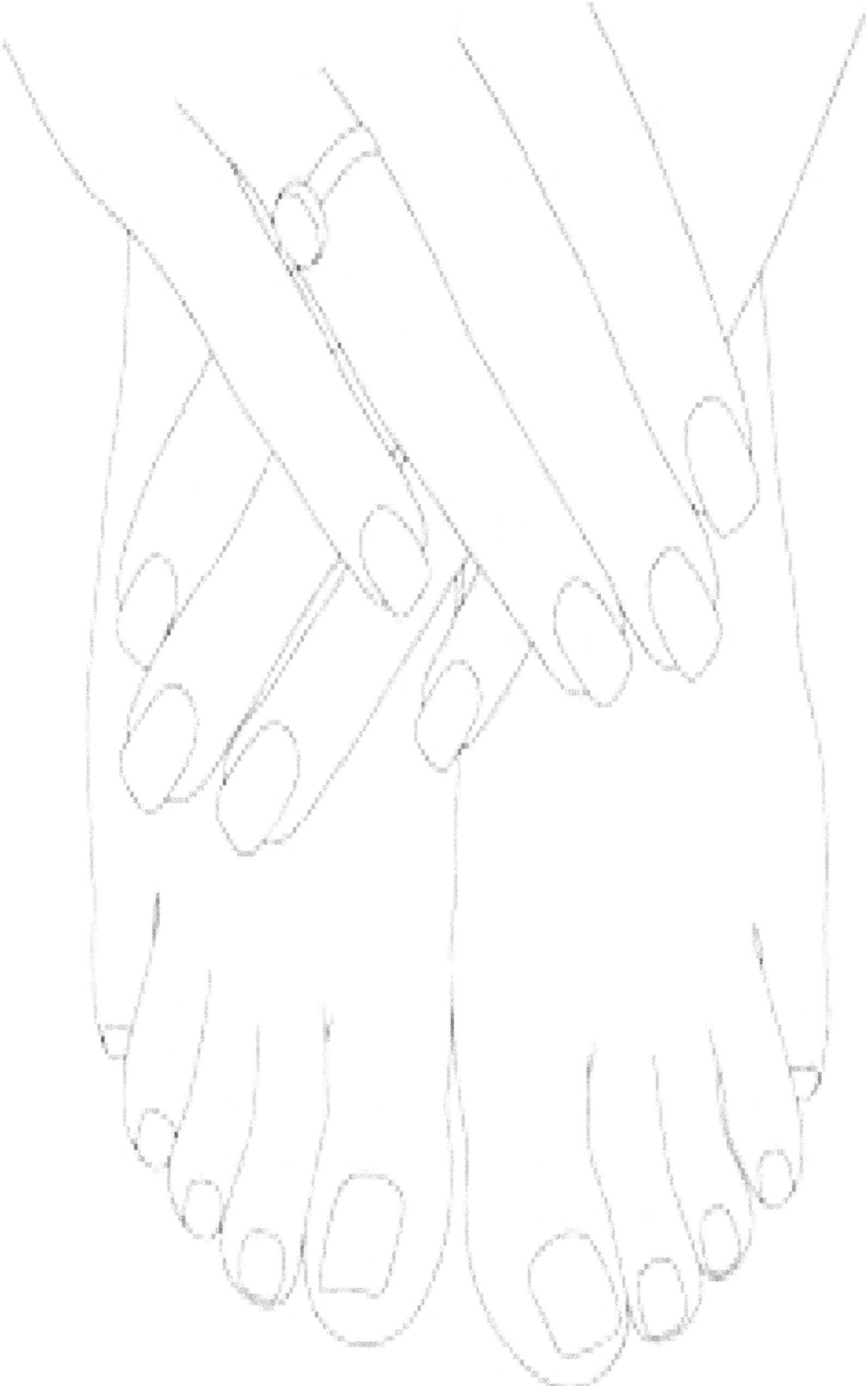

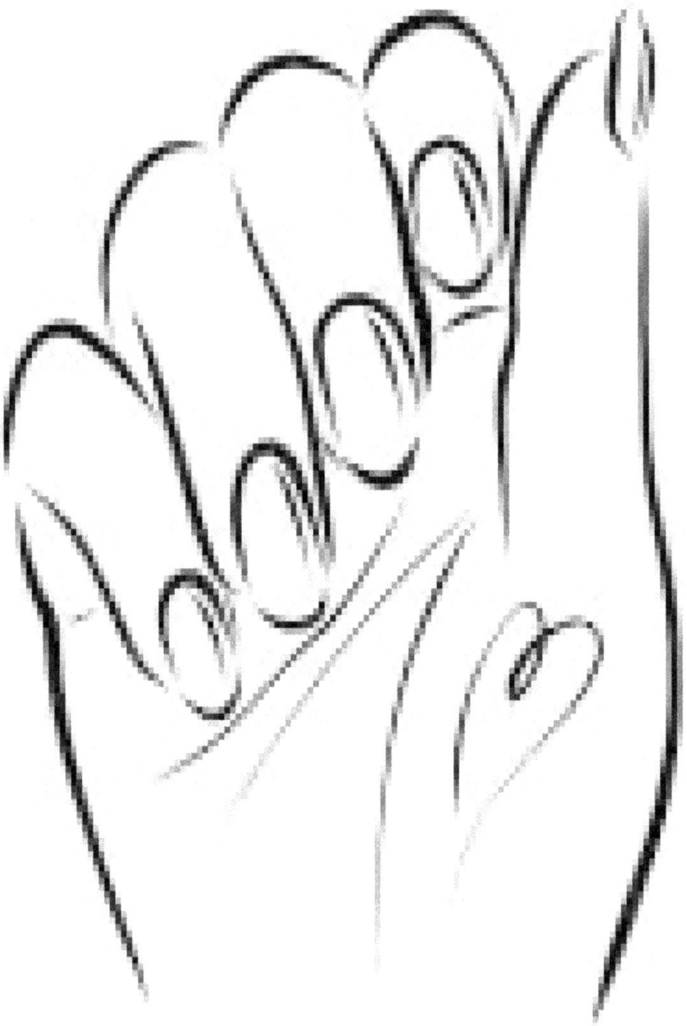

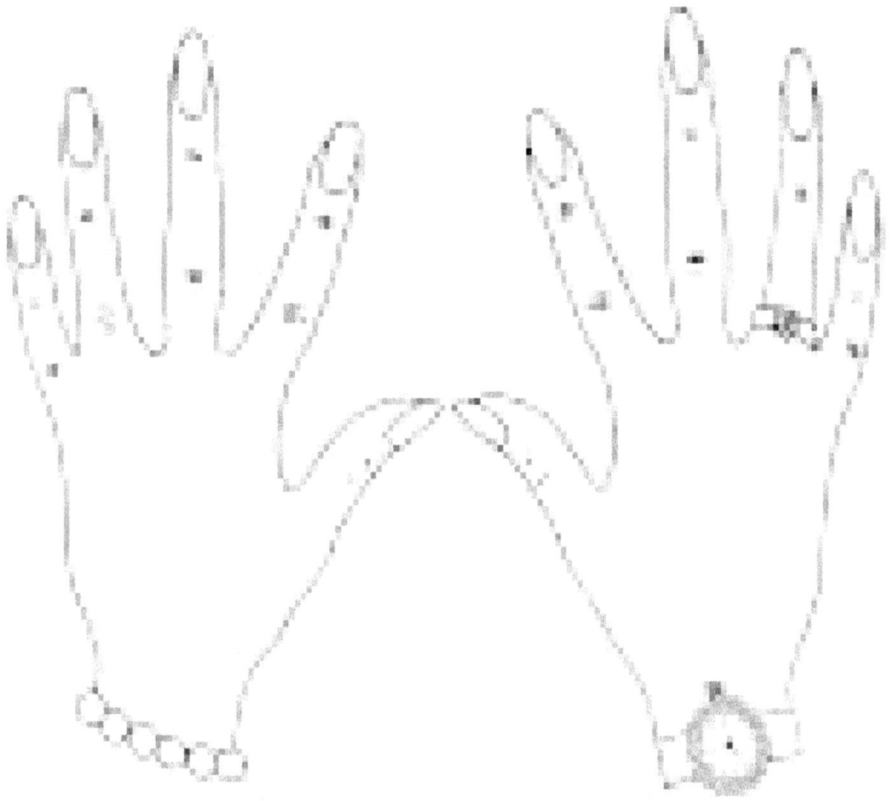

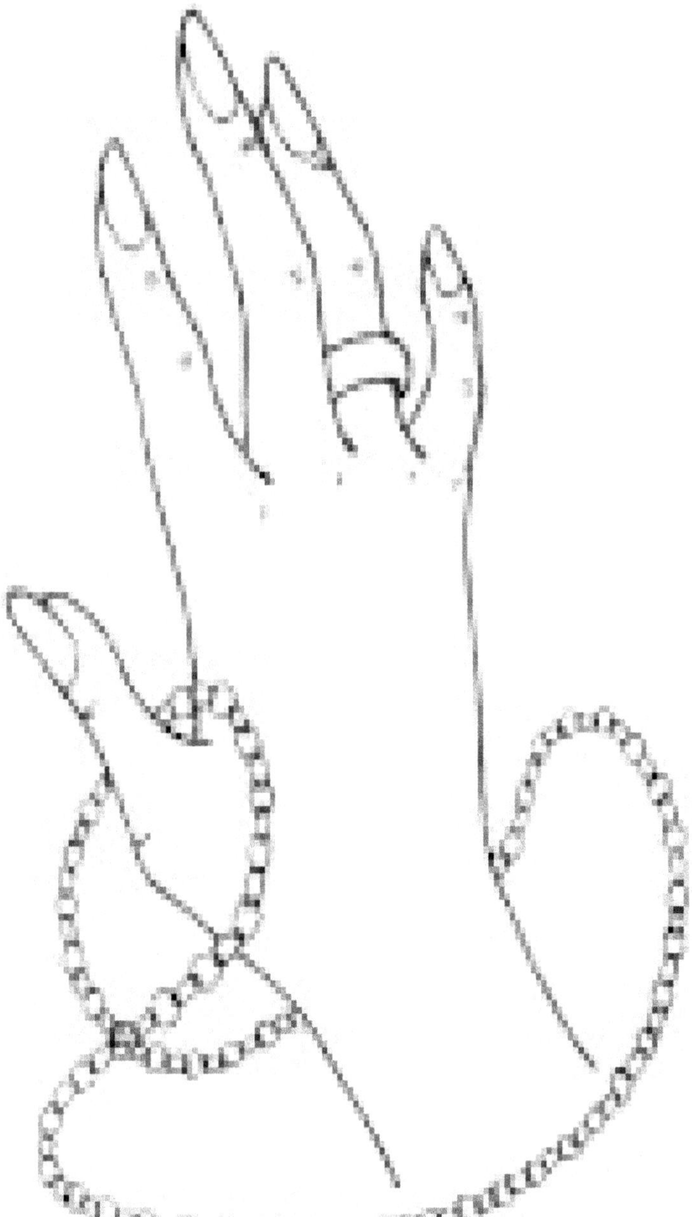

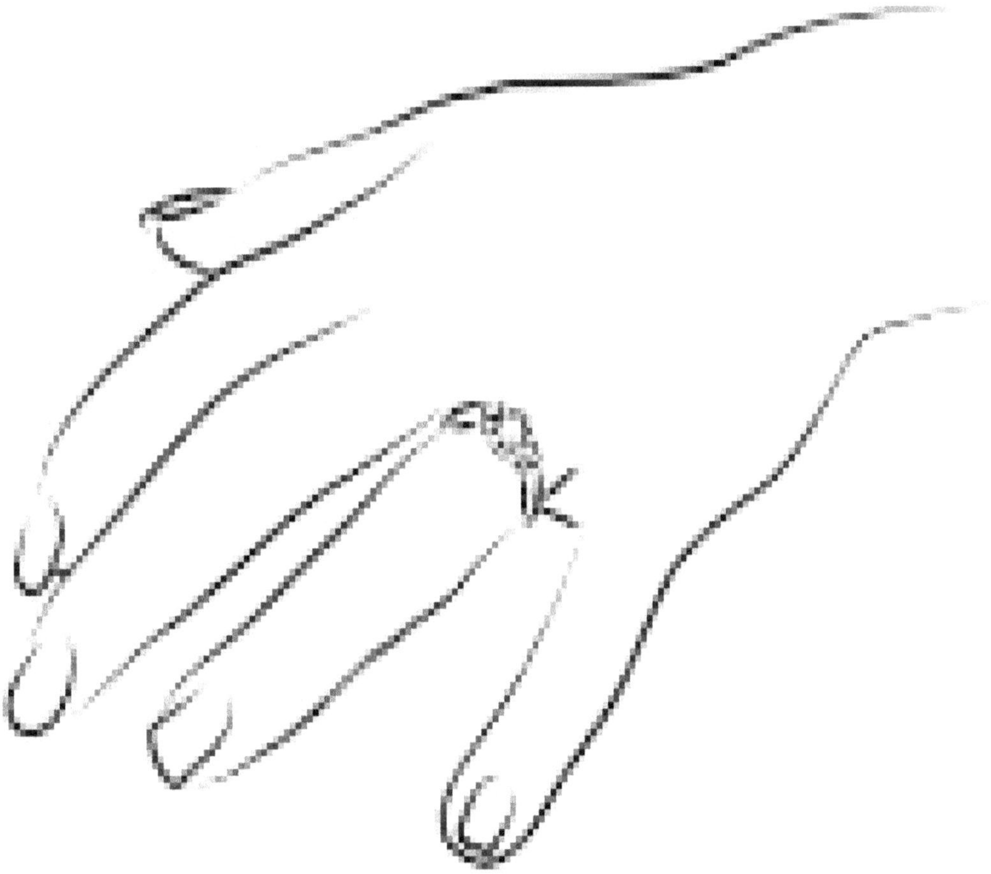

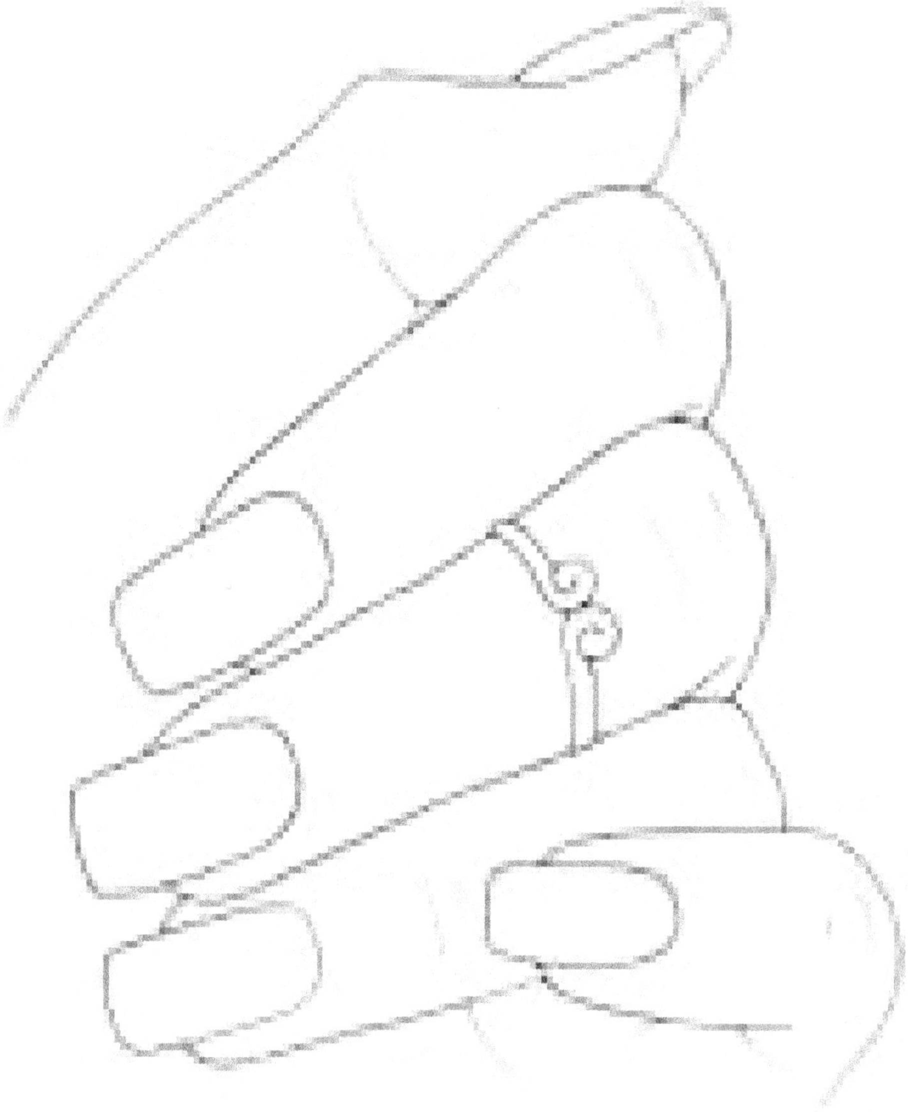

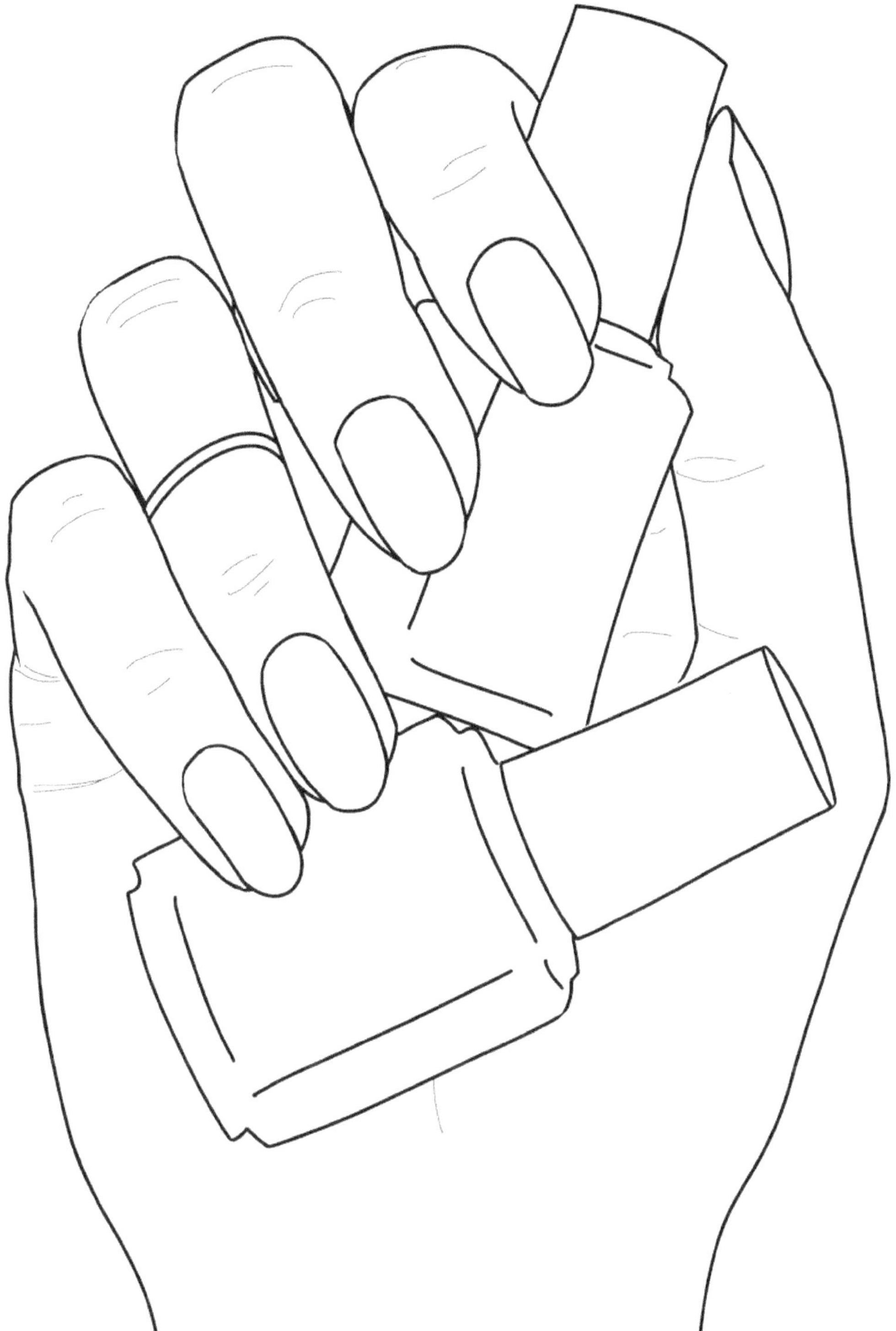

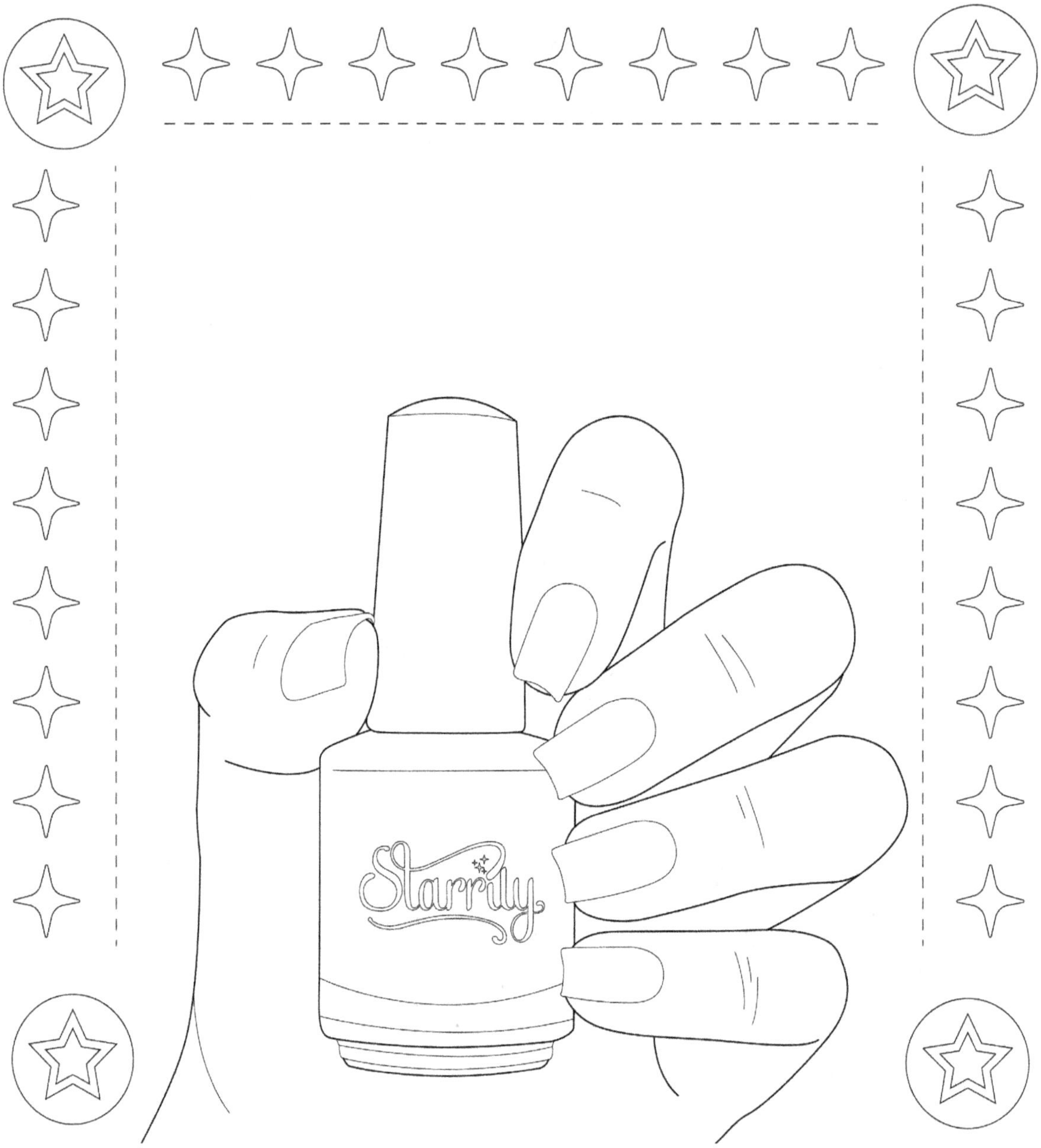
Starrily

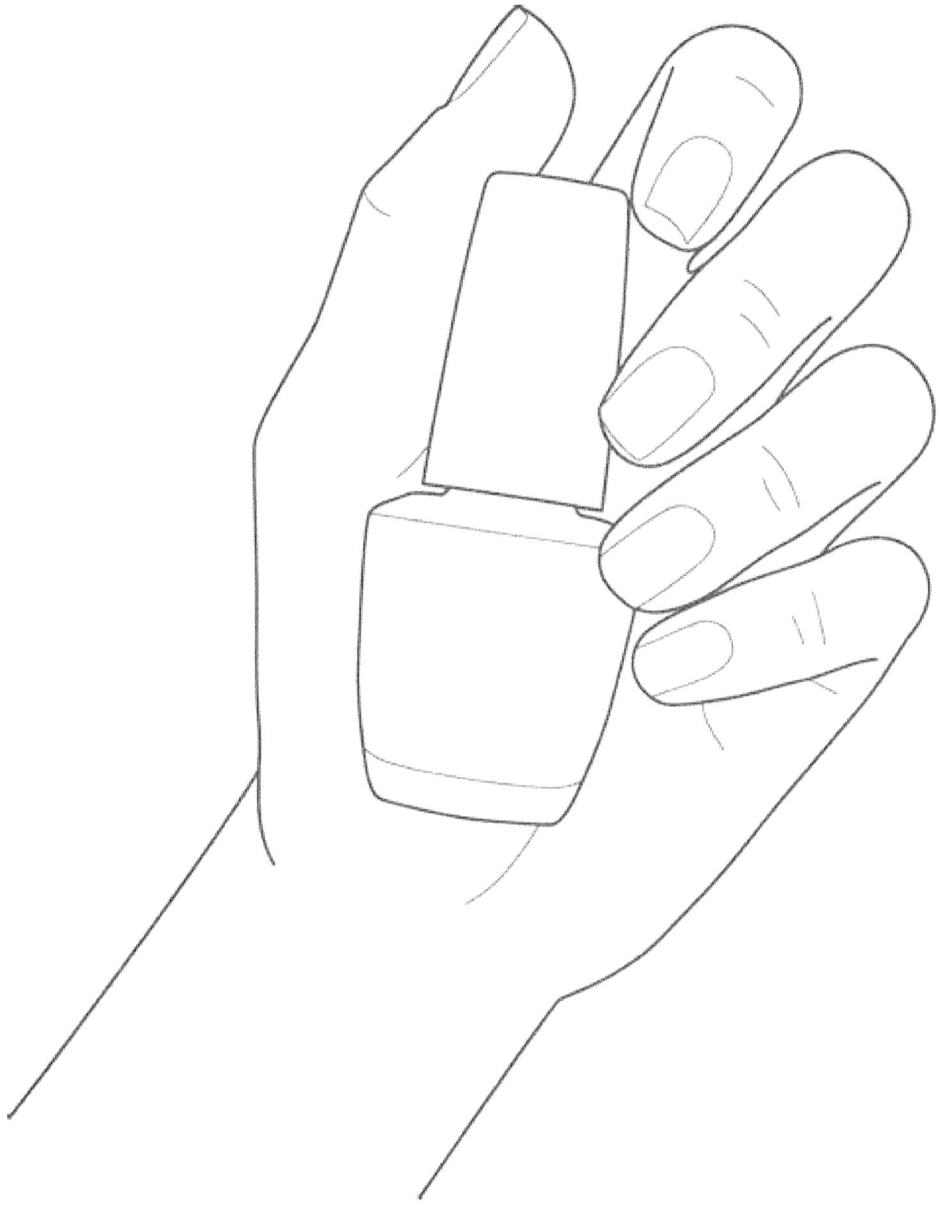

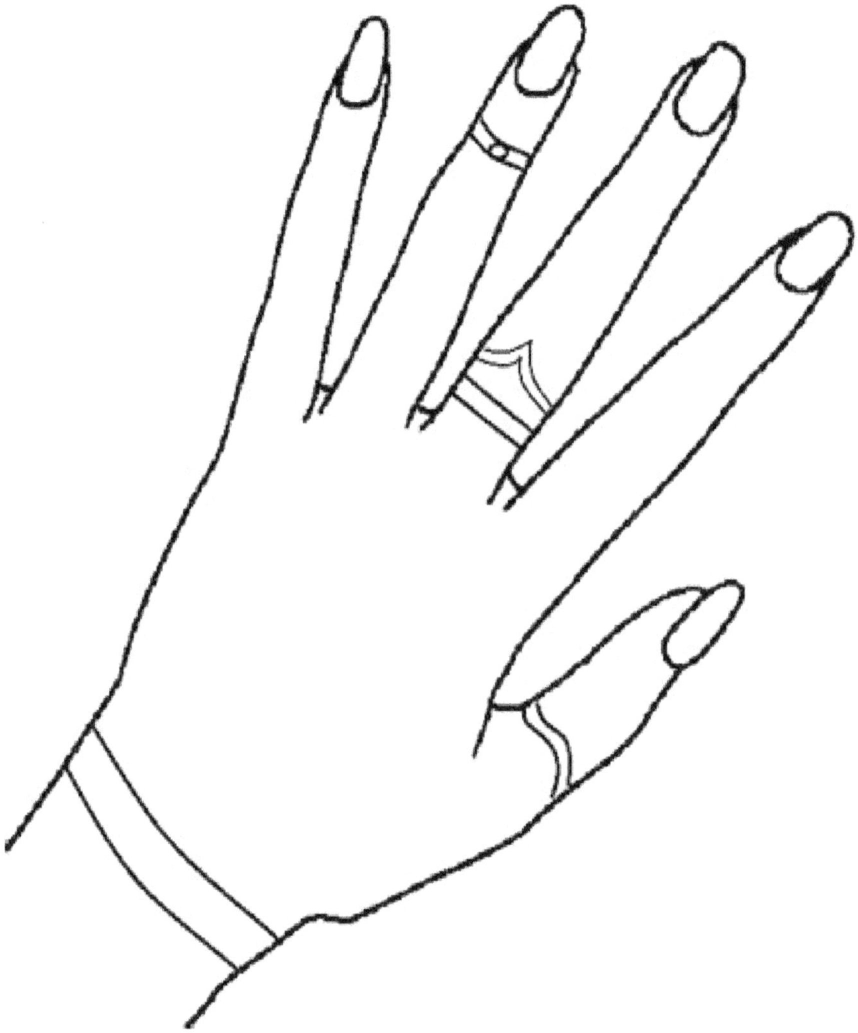

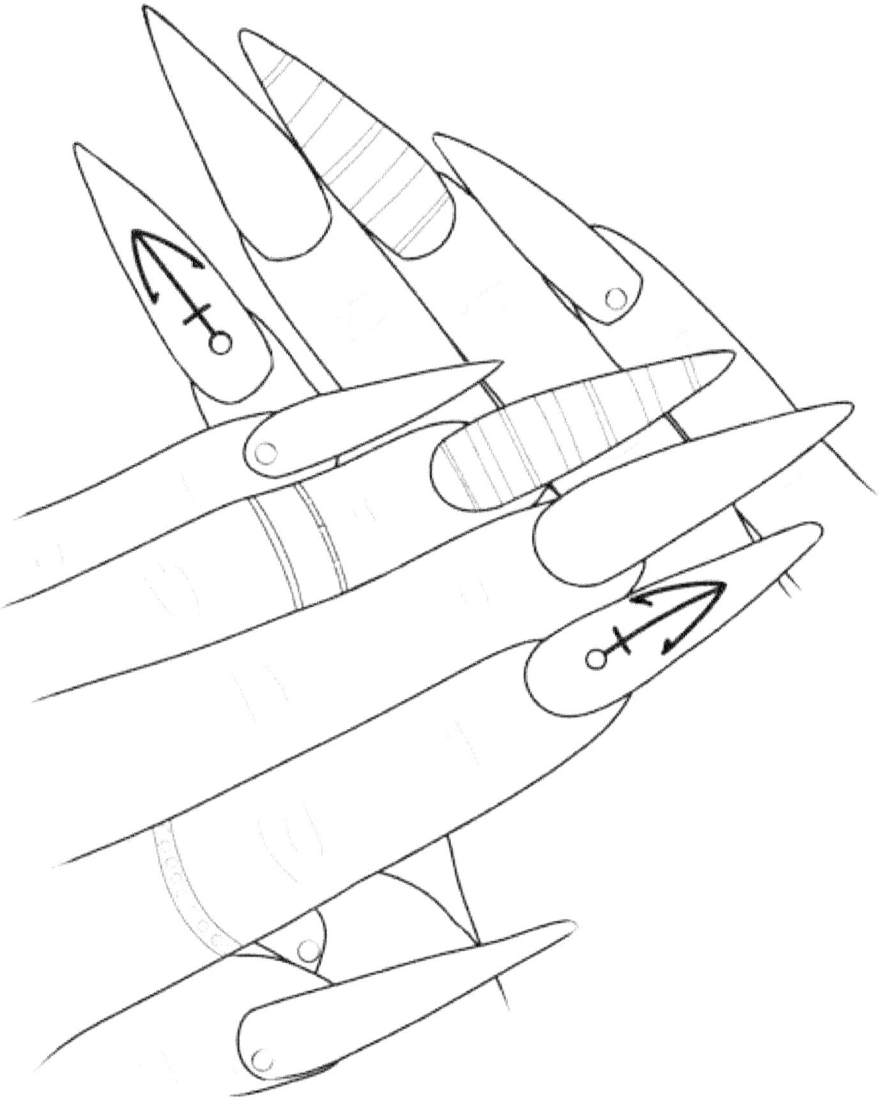

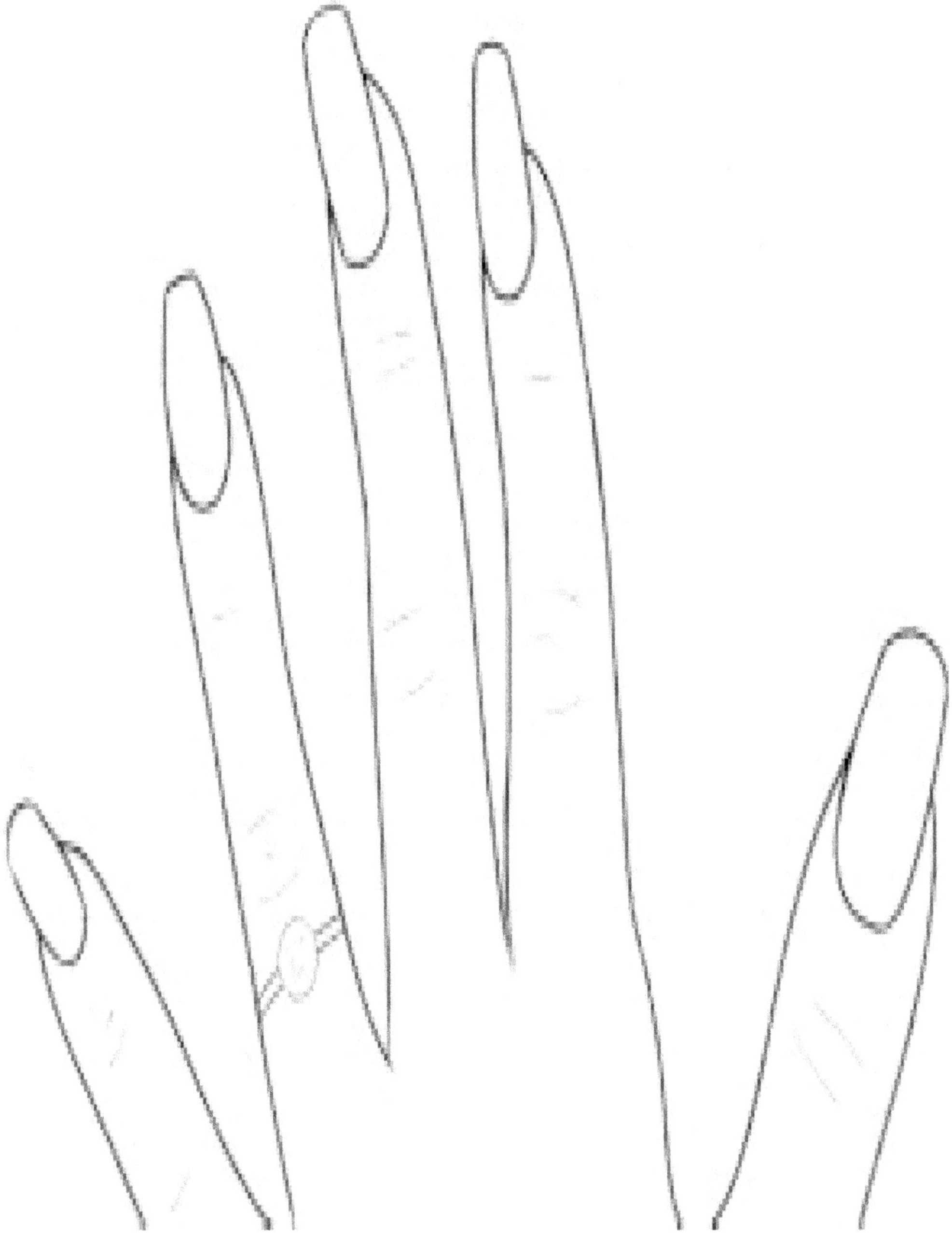

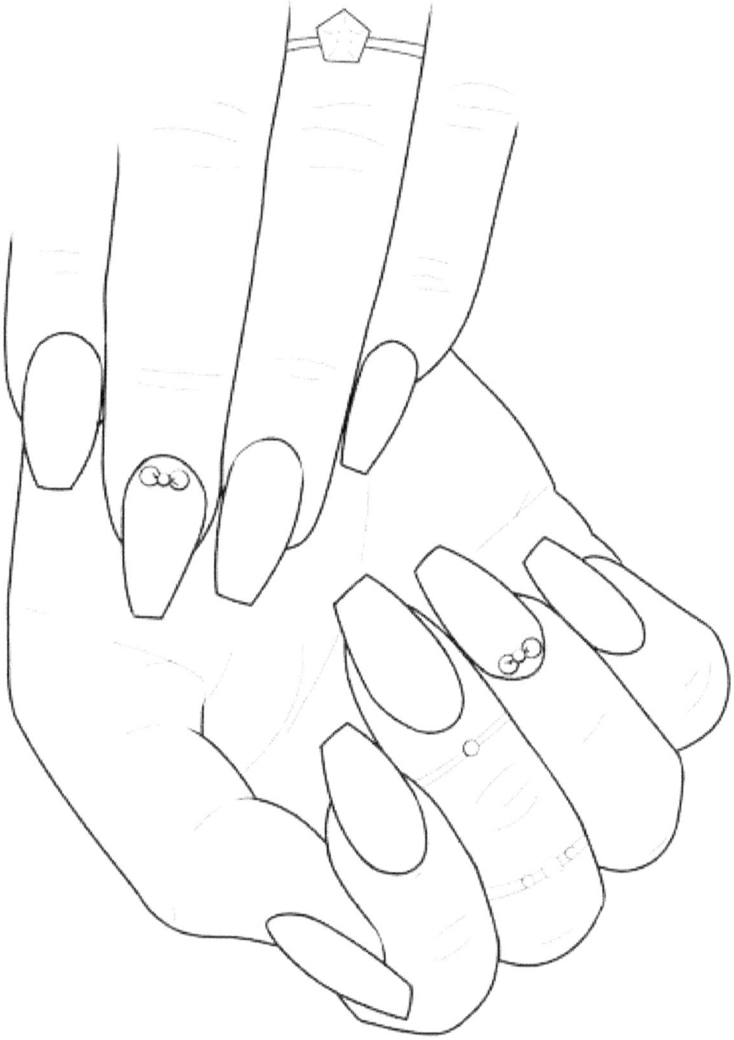

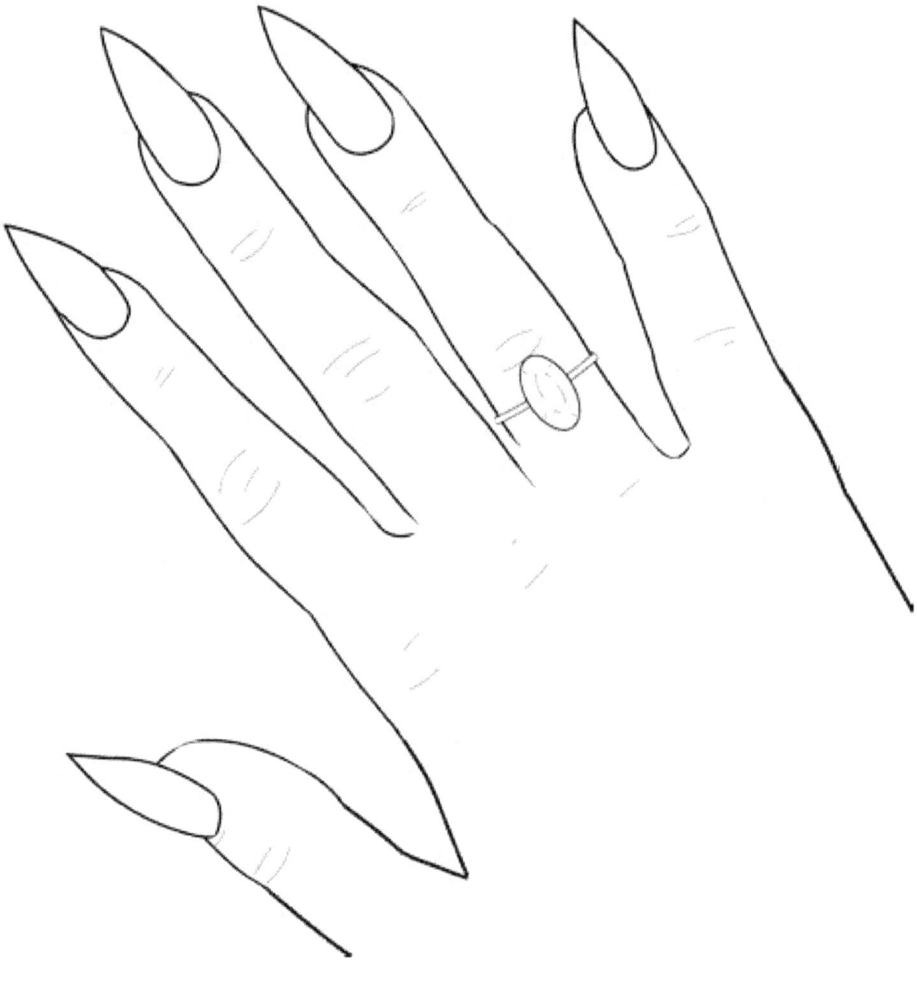

www.ingramcontent.com/pod-product-compliance
Lightning Source LLC
Chambersburg PA
CBHW082207290526
45794CB00008B/3457
* 9 7 9 8 8 6 0 5 4 4 9 4 9 *